MÉTHODE
DE LECTURE

N'OFFRANT

AUCUNE DIFFICULTÉ

PAR P. B.

ancien élève de l'Ecole normale de Dijon

DIJON

IMPRIMERIE LOIREAU, J.-E. RABUTOT, SUCCESSEUR

Place Saint-Jean, 1 et 3

1858

MÉTHODE
DE LECTURE

N'OFFRANT

AUCUNE DIFFICULTÉ

PAR P. B.

ancien élève de l'Ecole normale de Dijon

DIJON

IMPRIMERIE LOIREAU, J.-E. RABUTOT, SUCCESSEUR

Place Saint-Jean, 1 et 3

1858

CONSONNES.

r c l f m n p s d
g b x k v z j t h

ph gn ch gu qu ill fl
pl cl bl gl fr dr cr
pr vr br tr gr sp sc
st sv str spl scr sph

VOYELLES.

o a u e è i
            é   y

oi ai ei ou au eu
oy ay ey   œu
on an en in un
om am em im um
oin ain ein
    aim
    ail eil ouil   euil

MÉTHODE
DE LECTURE

1er TABLEAU
VOYELLES.

a o u e è i
é y

2e TABLEAU
CONSONNES.

r c l f m	a o u e è i
n p s d g	é y
b x k v z	
j t h	

Il faut que l'élève sache bien distinguer les consonnes des voyelles.

3ᵉ TABLEAU

```
f  p  k  r  x  v  m  i  d  o
y  l  o  u  g  j  è  t  n  b
c  s  e  z  é  m  f  p  r  k
i  d  y  è  t  n  x  v  a  l
f  b  k  p  r  x  o  u  g  m
v  a  l  o  g  u  j  e  s  z
j  c  s  e  z  è  n  f  l  r
f  p  k  r  x  v  m  i  d  o
y  l  o  u  g  j  è  t  n  b
c  s  e  z  è  m  f  p  r  k
i  d  y  è  t  n  x  v  a  l
f  b  k  p  r  x  o  u  g  m
v  a  l  o  g  u  j  e  s  z
f  p  k  r  x  v  m  i  d  o
c  s  e  z  é  m  f  p  r  k
i  d  y  è  t  n  x  v  a  l
```

OBSERVATION. On doit faire lire chaque tableau horizontalement, puis perpendiculairement en descendant et en remontant, et en quinconce.

4ᵉ TABLEAU

Avant de passer à ce tableau il faut exercer l'élève à trouver le nom d'une syllabe quand on lui aura dit les noms des deux éléments; par exemple, on lui dira : *b-a*, et il devra répondre *ba;* on lui dira *m-ou*, et il devra répondre *mou*, etc. On ne quittera cet exercice que lorsque l'élève répondra sans hésiter.

Il faudra faire épeler :

	a	o	u	e	i	é	y	è
r	ra	ro	ru	re	ri	ré	ry	rè
l	la	lo	lu	le	li	lé	ly	lè
f	fa	fo	fu	fe	fi	fé	fy	fè
n	na	no	nu	ne	ni	né	ny	nè
c[1]	ca	co	cu	ce	ci	cé	cy	cè
p	pa	po	pu	pe	pi	pé	py	pè
s	sa	so	su	se	si	sé	sy	sè
d	da	do	du	de	di	dé	dy	dè
g	ga	go	gu	ge	gi	gé	gy	gè
b	ba	bo	bu	be	bi	bé	by	bè
x	xa	xo	xu	xe	xi	xé	xy	xè
k	ka	ko	ku	ke	ki	ké	ky	kè
v	va	vo	vu	ve	vi	vé	vy	vè
m	ma	mo	mu	me	mi	mé	my	mè

(1) Le *c* se prononce *s* devant les *e* et les *i*.
Le *g* se prononce *j* devant les *e* et les *i*.

5ᵉ TABLEAU

	i	a	è	o	y	e	u	é
z	zi	za	zè	zo	zy	ze	zu	zé
t	ti	ta	tè	to	ty	te	tu	té
h	hi	ha	hè	ho	hy	he	hu	hé
v	vi	va	vè	vo	vy	ve	vu	vé
j	ji	ja	jè	jo	jy	je	ju	jé
g	gi	ga	gè	go	gy	ge	gu	gé
x	xi	xa	xè	xo	xy	xe	xu	xé
d	di	da	dè	do	dy	de	du	dé
b	bi	ba	bè	bo	by	be	bu	bé
p	pi	pa	pè	po	py	pe	pu	pé
f	fi	fa	fè	fo	fy	fe	fu	fé
n	ni	na	nè	no	ny	ne	nu	né
r	ri	ra	rè	ro	ry	re	ru	ré
l	li	le	lè	lo	ly	le	lu	lé
c	ci	ca	cè	co	cy	ce	cu	cé
v	vi	va	vè	vo	vy	ve	vu	vé
k	ki	ka	kè	ko	ky	ke	ku	ké
n	ni	na	nè	no	ny	ne	nu	né

6ᵉ TABLEAU

Lorsque l'élève ne peut pas lire un élément, avant de le lui dire il faut le lui montrer sur le tableau syllabique.

bi-le	mi-nu-te	le ma-la-de
co-co	vé-né-ré	la do-ru-re
la-me	i-do-le	le dé-pu-té
pa-pa	sa-la-de	la pa-ra-de
du-pe	re-mè-de	u-ne pi-pe
o-de	le ca-fé	la fé-cu-le
fa-de	i-ma-ge	ma-tu-ri-té
da-té	i-nu-ti-le	la pa-ro-le
fi-ne	tau-pe	la ta-xe
li-re	to-pa-ze	la ca-ne
ca-ve	cu-re	da-te
co-co	mi-nu-te	la do-ru-re
la-me	i-do-le	la pa-ra-de
pa-pa	sa-la-de	u-ne pi-pe
o-de	fa-de	pa-ro-le
pu-ni	ri-de	a-do-re

7ᵉ TABLEAU

a-bî-me	a-rê-ne	bê-le
a-bu-se	a-ro-ma-te	bê-te
a-do-re	a-ro-me	bi-è-re
a-é-ré	a-ri-de	bi-ri-bi
a-ga-pe	a-thé-e	bo-bi-ne
a-li-é-né	a-to-me	bo-na-ce
a-li-ze	a-va-lé	bo-ni
a-lu-de	a-vi-de	ba-na-le
à-me	a-vi-né	bo-xe
a-me-né	a-xi-o-me	bu-ba-le
â-ne	a-zo-te	bu-is
a-ni-mé	a-zu-ré	bu-re
a-pa-na-ge	a-zy-me	ca-ba-le
a-pa-thi-e	bo-bi-ne	ca-ba-ne
a-pé-ta-le	ba-ci-le	ca-va-le
a-po-de	ba-ga-ge	ca-ra-fe
a-po-gé-e	ba-hut	ca-ge
a-ra-be	ba-na-le	ca-hu-te
a-ra-bie	ba-vu-re	ca-li-ce

8ᵉ TABLEAU

ca-li-cot	cé-ta-cé	cu-i-re
ca-me-lot	ci-ga-le	cu-la-sse
ca-na-pé	ci-ra-ge	cu-mu-le
ca-na-ri	ci-té	cu-pi-de
ca-not	co-hue	cu-rée
ca-pot	co-lè-re	cu-ru-le
ca-ra-fe	co-lo-ris	cu-ta-né
ca-rê-me	co-mè-te	cu-vée
ca-va-le	co-mi-té	cy-ti-se
ca-vi-té	co-mme	da-me
cé-ci-té	co-mmis	da-tte
cé-du-le	co-pie	dé-ca-de
cé-le-ri	co-rro-dé	dé-ci-me
cé-lé-ri-té	co-sse	dé-da-le
cé-li-bat	co-ssu	dé-di-re
cé-no-bi-te	co-te-rie	dé-fi-lé
dé-cu-rie	dé-i-té	dé-jà
dé-lie	dé-lo-ge	dé-li-re
dé-lu-ge	dah-li-a	da-lle

9ᵉ TABLEAU

a bî me	a ra bie	bê le
dé mê lé	é di fi ce	fi na ge
je na ge	pa ssa de	na sse
a bu se	a ri de	na tte
a do ré	a ta xie	ra ma ge
é gi de	fi dè le	bê te
mé ri te	é la ga ge	fi gu re
a du lé	a thé e	fi la ge
de mi	é lé gie	ra pa ce
na sse	é lè ve	bi è re
na tte	pa ssa ge	fi o le
na tu re	pa ta te	ra pi ne
pa tè re	no vi ce	é pa ve
a é ré	a to me	a va nie
dé pu té	é li re	fi la sse
a ga pe	pé co re	pé cu le
né go ce	é ma ne	dé ro ge
a ga te	fi la tu re	a lè ne
a li é né	a va ri ce	sa no ce

10ᵉ TABLEAU

a li né a	a va rie	bi na ge
a li zé	a ve li ne	bi tu me
a va nie	é pi ce	ré a li té
dé so lé	fi xi té	bo bi ne
na vi re	bi ri bi	a vi de
nu a ge	a vi di té	bé ni
â me	é pi so de	fo li a cé
nu lli té	a vi vé	la fo lie
o bé si té	a vi né	bo ré a le
a me né	a xe	bo tti ne
o bo le	pi co rée	re di te
o dy ssée	fo ssi le	fo li o le
a mi ti é	a xi o me	é ta la ge
o ffi ci ne	pa ssa de	bo vi ne
â ne	a zo te	bi tu me
ga lè re	ca ba le	ga ba re
ba lei ne	pi é té	ra pa ce
a zy me	pi lu le	bo xe
é to ffe	ri va ge	ro sa ce

11ᵉ TABLEAU

â ne rie	ba bi o le	bo bi ne
â ge	fa ci le	ca ba le
o ra ge	po è le	sa ga ce
di ri ge	é tu ve	ga ze
a ni mé	ca bi ne	ca ba ne
o ri fi ce	fa ci li té	ba ga ge
o xy de	ba hut	sa la de
a pa thie	po li ce	sa li ne
o va le	ba ga ge	sa ty re
do ci le	po ly pe	sa va te
a pé ta le	ba na le	ca de nas
le do ge	fa na ge	ba na ne
pa ci fié	po ta ge	ra do te
a po gée	pu di ci té	gé o lo gie
do mi ne	fi na ge	ta ca ge
a ra be	fa ri ne	si rè ne
ca li ce	ba vu re	so ci é té
bâ té	gi ra fe	ca hu te
o vi pa re	la fa ce	a ri de

12ᵉ TABLEAU

ca li cot	cé ta cé	cu i ra sse
pa na cée	pu ce	cu i si ne
pa na de	fa ta li té	so ci é té
do nne	fa vo ri te	pa tte
ca me lot	a cé ré	à ga ge
du pe rie	ci ga le	fé cu le
du re té	fé e rie	cu la sse
pa na ris	fé dé ré	cu i re
ca na pé	py ri te	go mme
pa ra ge	ci ga re	gu tte
é ca le	py thie	sa va te
ca na pé	ra ci ne	ci li ce
ca ne vas	é co le	ci ra ge
é cu rie	la ca ve	ta pi o ca
pa ro die	ha la ge	ci vi li té
pa ri té	fé ru le	fé ro ce
ju ju be	la ra de	cu ta né
cé du le	co hue	thé o rie
é cu rie	co lè re	mo ra li té

13ᵉ TABLEAU

hy po thè se
cé ré mo nie
ho mo gè ne
ca no ni cat
cu ri o si té
i dé o lo gie
ca pa ci té
i mmo bi le
ma mmi fè re
le mé na ge
mo no li the
ca va ti ne
ca ra pa ce
ja ve li ne
i na ni mé
du bi ta ti ve
é co no mie
py ra mi de
ta ba ti è re

ma té ri a li té
ca lo ri fè re
li bé ra li té
cu ve la ge
mé di ci na le
li mo na de
lo co mo ti ve
co to nna de
je dé lo ge
je dé li bè re
u ne ly re
dé di ca ce
mi lli è me
ma ga si na ge
lu mi è re
ca ma ra de
dé ma go gie
pa rri ci de
di sso lu ti ve

14ᵉ TABLEAU

Faire d'abord épeler ainsi e-r, er, puis ensuite, sans épeler :

vr	cl	fr	pl	gr	fl
gl	cr	pr	bl	tr	dr

15ᵉ TABLEAU

ch	gn	ph	gu	ill	qu
fr	gl	ill	cl	pr	ch
tr	cl	gn	fl	vr	cl
ch	cr	cl	gn	pl	bl
ph	pr	gr	tr	gu	fl
br	ill	fl	dr	qu	vr
gl	ch	cl	cr	ch	gn
fr	pr	ph	pl	bl	gu
br	fl	ill	dr	gu	vr
gl	ch	cl	cr	gn	fr
pr	ph	pr	pl	bl	gu
gr	tr	ill	fl	qu	ch
ph	ill	gu	fr	cl	vr
tr	pr	cl	ch	vr	ill

16ᵉ TABLEAU

qu	fl	ill	tr	gr	gu
bl	pl	pr	ph	pr	fr
gn	cr	cl	ch	gl	vr
gu	dr	ill	fl	br	gu
bl	pl	ph	pr	fr	gn
ch	cr	cl	ch	gl	vr
qu	dr	fl	ill	br	fl
gu	tr	gr	pr	ph	bl
pl	cr	cl	ch	vr	fl
gn	cl	tr	pr	ch	cl

17ᵉ TABLEAU

sc	st	sp	sf	sv	str
sph	spl	scr	sm	sc	st
sp	sf	sv	str	sph	spl
scr	sm	sc	st	sp	sf

Il suffit de faire siffler le s, comme dans stimuler, et prononcer ensuite les autres lettres.

NOTA. Avant de passer au tableau suivant, il faudra revoir tous les exercices précédents, jusqu'à ce que l'élève les connaisse bien.

18ᵉ TABLEAU

pho	pha	phu	phè	phi	phe	phy
cho	cha	chu	chè	chi	che	chy
fro	fra	fru	frè	fri	fre	fry
flo	fla	flu	flè	fli	fle	fly
clo	cla	clu	clè	cli	cle	cly
cro	cra	cru	crè	cri	cre	cry
glo	gla	glu	glè	gli	gle	gly
gno	gna	gnu	gnè	gni	gne	gny
plo	pla	plu	plè	pli	ple	ply
guo	gua		guè	gui	gue	guy

19ᵉ TABLEAU

dro	dra	dru	drè	dri	dre	dry
bro	bra	bru	brè	bri	bre	bry
vro	vra	vru	vrè	vri	vre	vry
tro	tra	tru	trè	tri	tre	try
sto	sta	stu	stè	sti	ste	sty
sco	sca	scu	scè	sci	sce	scy
spo	spa	spu	spè	spi	spe	spy
stro	stra	stru	strè	stri	stre	stry
spho	spha	sphu	sphè	sphi	sphe	sphy
scro	scra	scru	scrè	scri	scre	scry

20ᵉ TABLEAU

clé	cly	clo	clu	cle	cli	cla
vré	vry	vro	vru	vre	vri	vra
ché	chy	cho	chu	che	chi	cha
scé	scy	sco	scu	sce	sci	sca
cré	cry	cro	cru	cre	cri	cra
gné	gny	gno	gnu	gne	gni	gna
sté	sty	sto	stu	ste	sti	sta
splé	sply	splo	splu	sple	spli	spla
fré	fry	fro	fru	fre	fri	fra
pré	pry	pro	pru	pre	pri	pra
phé	phy	pho	phu	phe	phi	pha
spé	spy	spo	spu	spe	spi	spa
scré	scry	scro	scru	scre	scri	scra
gré	gry	gro	gru	gre	gri	gra
illé	illy	illo	illu	ille	illi	illa
stré	stry	stro	stru	stre	stri	stra
své	svy	svo	svu	sve	svi	sva
flé	fly	flo	flu	fle	fli	fla
bré	bry	bro	bru	bre	bri	bra
qué	quy	quo		que	qui	qua
sphé	sphy	spho	sphu	sphe	sphi	spha

21ᵉ TABLEAU

Il n'y a que les consonnes r, c, l, f, m, n, qui se prononcent à la fin des mots.

sa tu ré	la plu me	la bri que
bé né fi ce	le fru it	la pla ce
la na tu re	le pro blè me	le ti tre
la mu ra ille	le flu i de	le glo be
l'é co no mie	la cru che	le ti gre
l'i vro gne	le pa le tot	le trô ne
la va che	la mi che	la ju i ve
la pa ro le	ma chi ne	la flè che
la pà tu re	phi lo so phie	le fra cas

22ᵉ TABLEAU

du pà té	le prè tre	le stè re
la mi tra ille	la pri se	la flè che
la fla mme	le prè che	u ne bi che
le blà me	le di sque	le ca ni che
le ra ta fi a	la pri è re	la bù che
hu ma ni té	la bri se	la di gni té
la droi tu re	la brè che	le li vre
la ta ille	ta bro che	la fri che
la pla que	l'ho mme	ma po mme

23ᵉ TABLEAU

a ba ta ge	a ba tis	a bo mi na ble
a brè ge	a bri	a ca dé mie
a bri cot	a ca ci a	a ca ri â tre
a cé ti que	a chat	a cro ba te
blo ca ge	blê me	bla sphè me
blà mé	bla gue	bi co que
bi bli que	ca bri o le	ca che-ca che
ca chot	ca dra tu re	ca du ci té
ça pri ce	ca pu che	ca qua ge
dé bâ cle	dé bris	dé cla re
a ffa ble	a ffi che	a ggra ve
a gi o ta ge	a gna ti que	a gne li ne
a gra fe	a gré a ble	a gri co le
bâ che	ba chi que	ba ga ge
ba illi a ge	ba illi ve	ba li ste
ba lu stra de	ba ra que	ca sca de
ca sque	ca ste	ca ta cly sme
ca ta lo gue	cè dre	ca ta pla sme
cé lé bri té	dé fri che	dé cri re
dé fro que	de gré	dé i ste
a llé gro	a llé gué	a llè gre
a na ly ste	ba ro que	ba rri que

24ᵉ TABLEAU

ba si li que	ba sti de	ba sti lle
ba ta ille	ba ti ste	ba vo chu re
bè che	bè gue	bé qui lle
be so gne	é cha sse	é cha las
é bé ni ste	é cho ppe	é clu se
é che ve lé	é clo re	fa mi lle
é cre vi sse	é cri re	fa ti gue
fa illi ble	fa illi te	fe nê tre
fa sci na ge	fa ste	ga gi ste
fa ta li ste	fa tras	ga na che
gà chis	ga gna ge	ga stri que
ga gné	ga lli que	i gna re
i gno ble	i do là tre	i mi ta ble
é la sti que	é glo gue	é pi gra phe
é phé mè re	é pi que	le fi fre
é pi glo tte	la fiè vre	fla mmè che
é pi lo gue	fi stu le	u ne flè che
fi chu	fla sque	fra ca ssé
u ne fi gue	flo tti lle	fré ga te
fra gi le	fra tri ci de	fro ma ge
gla ci è re	gla na ge	glo bu le
go mme	go thi que	gui ta re

25ᵉ TABLEAU

gra ci a ble	gra dé	gra mi née
gra phi que	gra vi té	gra vu re
gri ma ce	gri sa ille	le ha vre
ha chu re	ha ri cot	hé mi sti che
he llé ni ste	hé ré ti que	lâ che té
hé pa ti que	lé gu me	la lè pre
hi ppo dro me	li bre	le li è vre
la lè vre	u ne li gne	li qui dé
li gna ge	le li tre	ma dré
ma gi que	ma gi strat	ma gna ni me
ma li gni té	ma ni a que	ma ju scu le
ma ra sme	na guè re	je na vi gue
né o lo gue	né go ci a ble	né gre rie
né vro se	u ne ni che	ni tri que
pa pi ste	le pa na che	pa pi llo te
pa sti che	pa ssa ble	pa ra phra se
lo qua ci té	lu gu bre	pa sti lle
ly ri que	le ma sque	lu stri ne
mé di o cri té	mé pri sa ble	mo no lo gue
o ppro bre	mi ra cle	mu sca de
o ra cle	mo ri lle	o pi ni â tre té
pa thé ti que	nu tri ti ve	o pu scu le

26° TABLEAU

ba ta ille	bé qui lle	é cha sse
be so gne	bè gue	é cha las
é cha lo te	é che ve lé	é cho ppe
fa sci na ge	fa ste	fa ti gue
gà chis	fe nè tre	ga gi ste
ga lli que	ga na che	i gna re
j'i gno re	é pho re	é pi gra phe
fi chu	la fi è vre	le fi fre
fra gi le	u ne fri che	fla mmè che
fré né ti que	gé o gra phe	glo bu le
fi stu le	gra ti tu de	gue ni lle
guê tre	le gui de	gui ta re
gri ma ce	gra vu re	gra vi té
hé pa thi que	ha ri cot	là che té
li bre	le li è vre	li qui dé
li gna ge	le li tre	ma chi ne
ma gi que	je na vi gue	né gre rie
né vro se	né vri ti que	ni tri que
pa na che	pa pi llo te	pa sti che
pa ssa ble	lu stri ne	ma sque
ly ri que	mo no lo gue	o ra cle
a cro ba te	bla gue	ca du ci té

27ᵉ TABLEAU

VOYELLES DOUBLES

au	ou	ei	ai	oi
eu	œu	ey	ay	oy
an	in	un	on	en
am	im	um	om	em
oin	aim	ein	ain	au

28ᵉ TABLEAU

ail	eil	ouil	euil	oi
ou	ai	ei	on	au
un	ein	eu	in	em
euil	ey	im	an	on
oy	ain	on	im	ail
an	ouil	ay	am	oin
eil	um	ain	aim	oi
am	aim	im	un	en
oy	ail	eil	ouil	euil
oi	ou	oi	ai	ei
on	au	œu	un	ein

29ᵉ TABLEAU

an	ou	un	ouil	um
oi	au	eu	in	oin
ein	ei	ail	au	aim
ey	eu	ay	im	euil
oi	ail	oy	in	au
oy	ou	on	am	im
ou	ein	au	un	en
im	ay	an	aim	an
ou	un	ouil	um	on
oi	au	en	oin	aim
ein	ei	eil	au	ain
ei	ey	eu	ay	im
euil	oi	ail	oy	ou
on	am	im	ou	ein
au	un	en	ay	aim
an	ou	un	ouil	um

Nota. Avant de passer aux exercices suivants, il faut revoir tous les exercices précédents.

30ᵉ TABLEAU

loi lan lau lai lou lin lon lei lun
goi gan gau gai gou gin gon gei gun
joi jan jau jai jou jin jon jei jun
roi ran rau rai rou rin ron rei run
poi pan pau pai pou pin pon pei pun
voi van vau vai vou vin von vei vun
boi ban bau bai bou bin bon bei bun
foi fan fau fai fou fin fon fei fun
koi kan kau kai kou kin kon kei kun
doi dan dau dai dou din don dei dun

31ᵉ TABLEAU

rain rem rail roin reil rau ron rou
fain fem fail foin feil fau fon fou
                cail coin ceil cau con cou
nain nem nail noin neil nau non nou
gain gem gail goin geil gau gon gou
pain pem pail poin peil pau pon pou
bain dem dail doin deil dau don dou
sain sem sail soin seil sau son sou
rain rem rail roin reil rau ron rou
vain   vail voin veil vau von vou

32ᵉ TABLEAU

phoi	phan	phai	phon	phau	phun	phei
choi	chan	chai	chon	chau	chun	chei
ploi	plan	plai	plon	plau	plun	plei
croi	cran	crai	cron	crau	crun	crei
gnoi	gnan	gnai	gnon	gnau	gnun	gnei
troi	tran	trai	tron	trau	trun	trei
vroi	vran	vrai	vron	vrau	vrun	vrei
quoi	quan	quai	quon	quau	quun	quei
illoi	illan	illai	illon	illau	illun	illei
proi	pran	prai	pron	prau	prun	prei
cloi	clan	clai	clon	clau	clun	clei
floi	flan	flai	flon	flau	flun	flei
poi	pan	pai	pon	pau	pun	pei
moi	man	mai	mon	mau	mun	mei
soi	san	sai	son	sau	sun	sei
froi	fran	frai	fron	frau	frun	frei
vroi	vran	vrai	vron	vrau	vrun	vrei
croi	cran	crai	cron	crau	crun	crei
troi	tran	trai	tron	trau	trun	trei
illoi	illan	illai	illon	illau	illun	illei
proi	pran	prai	pron	prau	prun	prei
cloi	clan	clai	clon	clau	clun	clei

33ᵉ TABLEAU

phau	phein	phou	pheu	phin	phoin
trau	trein	trou	treu	trin	troin
chau	chein	chou	cheu	chin	choin
illau	illein	illou	illeu	illin	illoin
scau	scein	scou	sceu	scin	scoin
stau	stein	stou	steu	stin	stoin
gnau	gnein	gnou	gneu	gnin	gnoin
clau	clein	clou	cleu	clin	cloin
crau	crein	crou	creu	crin	croin
brau	brein	brou	breu	brin	broin
stau	stein	stou	steu	stin	stoin
strau	strein	strou	streu	strin	stroin
spau	spein	spou	speu	spin	spoin
flau	flein	flou	fleu	flin	floin
crau	crein	crou	creu	crin	croin
glau	glein	glou	gleu	glin	gloin
plau	plein	plou	pleu	plin	ploin
prau	prein	prou	preu	prin	proin
vrau	vrein	vrou	vreu	vrin	vroin
illau	illein	illou	illeu	illin	illoin
quau	quein	quou	queu	quin	quoin
sphau	sphein	sphou	spheu	sphin	sphoin

34ᵉ TABLEAU

loy	len	lai	lou	lon	lain	lun
fay	fen	fai	fou	fon	fain	fun
choy	chen	chai	chou	chon	chain	chun
cay	cen	cai	cou	con	cain	cun
moy	men	mai	mou	mon	main	mun
bay	ben	bai	bou	bon	bain	bun
ploy	plen	plai	plou	plon	plain	plun
nay	nen	nai	nou	non	nain	nun
roy	ren	rai	rou	ron	rain	run
vay	ven	vai	vou	von	vain	vun
soy	sen	sai	sou	son	sain	sun
tray	tren	trai	trou	tron	train	trun
cloy	clen	clai	clou	clon	clain	clun
vray	vren	vrai	vrou	vron	vrain	vrun
spoy	spen	spai	spou	spon	spain	spun
stay	sten	stai	stou	ston	stain	stun
doy	den	dai	dou	don	dain	dun
dray	dren	drai	drou	dron	drain	drun
moy	men	mai	mou	mon	main	mun
phay	phen	phai	phou	phon	phain	phun

NOTA. Avant de passer aux exercices suivants, il faut revoir tous ceux qui précèdent.

35ᵉ TABLEAU

La trou pe, blan chi, u ne tran che, un fru it, la chai re, un fla con, le prê tre, pren dre, du bron ze, u ne mai son, le por tail, char la tan, u ne tri bu ne, un pro blè me, le tri bun, le ba ta illon, la chau mi è re, plé ni tu de, blà ma ble, un fri pon, tu as spé cu lé, u ne chan son, la sou pi è re, la moi sson, poi son, le poi sson, la cham bre, un a gneau, un gro gnon, la froi du re, un cor ni chon, u ne gran ge, chau de ment, me lon, le cha grin, la chè vre, l'hu ma ni té, le gà teau, le ju pon, un pi sto let, u ne tu li pe, u ne vic toi re, le moi ne, un ga min, la mu si que, cha lu meau, un mon ti cule, ma len ten du, de man de, un pan ta lon, la vi gne, vi gou reux, du jam bon, u ne fi gue, le mou ton, u ne plan che, la foi re, un bru chon, un man chon, plé ni tu de, la cré a tu re, le mi ra cle, gra ci eu se, croi si è re, bi bli o thè que, tim ba le.

36ᵉ TABLEAU

La ca pa ci té, le na vi re é ga ré, la spi ra le, u ne cou tu re, un cha peau, jo li ment, in stru ment, sou vent, ta mé moi re, ton cou teau, en vi ron, le vé té ran, syn di cat, u ne sou cou pe, le do mai ne, le fé mi nin, le ma scu lin, un sin ge, blan chi ment, cha lu meau, ti mon, au spi ce, ho spi ce, la ri che dé pou ille, un jeu ne pou lain, du foin, le bois, au loin tain, é cou te ta ma man, le feu a con su mé la mai son de mon frè re, le che min a li gné, on pê che à la li gne, on prend du gou jon dans la ri vi è re, un em pi re, le roy au me, la fran chi se, la fri po nne rie, on pan se les a ni maux, le mé de cin vé té ri nai re, l'ai gui llon, mou sta che po sti che, po sti llon, le cli que tis, la ha che, le bâ ti ment, le moi gnon, un moi ne, l'en fant en tè té, du bon bon, le pan tin, un bi scuit, la mi tai ne, gé né a lo gie, lo gi que, u ne chai se.

37ᵉ TABLEAU

Quand *e* est suivi d'une consonne il se prononce *è*.

	l	c	r	f	p	b	t	s
o	ol	oc	or	of	op	ob	ot	os
a	al	ac	ar	af	ap	ab	at	as
e	el	ec	er	ef	ep	eb	et	es
é	él	éc	ér	éf	ép	éb	ét	és
i	il	ic	ir	if	ip	ib	it	is
è	èl	èc	èr	èf	èp	èb	èt	ès
u	ul	uc	ur	uf	up	ub	ut	us
o	ol	oc	or	of	op	ob	ot	os
a	al	ac	ar	af	ap	ab	at	as
e	el	ec	er	ef	ep	eb	et	es
é	él	éc	ér	éf	ép	éb	ét	és
i	il	ic	ir	if	ip	ib	it	is
è	èl	èc	èr	èf	èp	èb	èt	ès
u	ul	uc	ur	uf	up	ub	ut	us
o	ol	oc	or	of	op	ob	ot	os
a	al	ac	ar	af	ap	ab	at	as

38ᵉ TABLEAU

a bla tif	a bou tir	s'ab ste nir
a cci den tel	a ccom plir	a ccord
a ccu sa tif	ac qué rir	ob jec tif
bâ tir	ba ttoir	le ba vard
un bec	spé ci al	bon jour
ber cail	bi ssex til	bi vac
ca po ral	la li queur	car deur
ac teur	coi ffeur	de l'or
un dé sir	le sa voir	dic ton
é chec	é cu reuil	é mou voir
fa lloir	é lec teur	é clair
fau tif	fa neur	é gal
fé o dal	far cir	fa tal
in di vi du el	fic tif	fé mur
ma té ri el	in di ca tif	du fil
du mil	ma ti nal	in du stri el
le bo nheur	le mi roir	du mé teil
mo ni teur	les mœurs	la mort
ton ca nif	la can deur	le ca pi tal
la li queur	le pu blic	le ber ger
la cour	dé fa illir	sé na teur
le bou doir	bi ssex til	di a go nal

39ᵉ TABLEAU

Un por tail, le tra vail, le car na val, la vertu, un bal con, la cul tu re, du char bon, ac tif, aug men te, ap ti tu de, é lé gan ce, at mo sphè re, jar din, ab so lu, al té rer, for mi da ble, ber ge rie, su bir, per du, var lo pe, sou pir, ac tif, na tu rel, u sten si le de mé na ge, char don, vir gi nal, pec to ral, fu tur, es quif, sub stan tif, ad jec tif, ar ti cle, ver be, par ti ci pe, for ce, cam pa gnard, sul fu ri que, nar co ti que, ser van te, sur tout, er go teur, ar ti fi ci el, ar bu ste, pro no mi nal, u ne vri lle, u ne ser pe, un ar pen teur, ac ti vi té, per pé tu el, cal cai re, cul tu re, vir gi nal, a ni mal, é nor me, ad ver si té, har mo ni eux, fur ti ve ment.

C'est u ne gran de pru den ce de sa voir te nir sa lan gue.

La hai ne ex ci te les que rel les; la cha ri té cou vre tou tes les fau tes.

L'au mô ne a dou cit la mi sè re.

40ᵉ TABLEAU

Quand il y a une cédille sous le c, on le prononce s.

Ce lui qui est vrai ment sa ge reçoit vo lon tiers les a vis qu'on lui do nne; l'in sen sé, au con trai re, s'o ffen se de ce qu'on lui dit.

Le vé ri ta ble a mi ai me en tout temps, et le frè re se co nnaît dans l'ad ver si té.

La pa ro le dou ce a pai se la co lè re; la pa ro le du re ex ci te la fu reur.

Le vent d'a qui lon di ssi pe la plu ie, et le vi sa ge tri ste fait tai re la lan gue mé di san te.

Ne dé tour nez per so nne de fai re du bien à ceux qui sont dans le be soin; fai tes-leur vous-mê mes du bien si vous en a vez le pouvoir.

Ne di tes point à vo tre pro chain: A llez et re ve nez, je vous le do nne rai de main, lors que vous pou vez le lui do nner à l'heu re mê me.

41ᵉ TABLEAU

L'or gueil est le prin ci pe et l'o ri gi ne de tous les pé chés. L'or gue illeux est haï de Dieu et des ho mmes; où se ra l'or gueil, se ra au ssi la con fu si on.

Di eu seul est grand, et il n'est ho no ré que par les hum bles.

Ne vous trou vez point a vec les grands bu veurs de vin ni a vec les gens de bo nne chè re. Ceux qui pa ssent le temps à boi re et à man ger de vi en dront pau vres, et ce lu i qui ai me à dor mir se ra cou vert de ha illons.

Les bles su res qu'on re çoit de ce lu i qui vous ai me va lent mi eux que les bai sers trom peurs de ce lu i qui vous hait.

L'eau é teint le feu et l'au mô ne a dou cit la mi sè re.

N'a ttris tez point le cœur du pau vre et ne di ffé rez pas de do nner à ce lu i qui se trou ve dans le be soin.

42ᵉ TABLEAU

Une démarche compassée avec art, toujours guindée sur un ton de gravité pédantesque, n'est pas moins contraire à la modestie que la nonchalance, signe ordinaire de paresse et de sentiments peu élevés.

D'un autre côté, les enfants d'un caractère vif et étourdi doivent user de beaucoup de vigilance pour ne pas remuer sans cesse et sans raison toutes les parties de leur corps, ne pas changer d'attitude par légèreté, et ne point gesticuler avant de parler.

Lorsque les circonstances exigent que l'on soit debout, il ne faut ni se voûter ni pencher la tête par affectation, ni l'élever avec une fierté ridicule; il faut encore éviter de s'appuyer sans besoin contre la muraille, et de s'accouder négligemment.

43ᵉ TABLEAU

On doit éviter de changer souvent de siège sans raison et de le traîner avec bruit, ou de le placer dans un endroit incommode pour ceux qui vont et viennent dans un appartement; ce serait une autre impolitesse d'affecter de choisir les plus belles chaises, ou un fauteuil préférablement à une chaise. On doit aussi blâmer la licence avec laquelle certaines personnes s'emparent des deux tiers d'une cheminée pour s'y chauffer.

Il faut enfin observer de ne point se lever sans nécessité quand tout le monde est assis, et de ne point demeurer sur son siège quand la compagnie se tient debout.

Il est à propos de s'accoutumer à souffrir plusieurs petites incommodités sans se tourner, frotter ni gratter, et sans tenir aucune posture indécente.

44ᵉ TABLEAU

On doit se nettoyer les oreilles avec soin; mais il faut éviter de le faire en compagnie. Les enfants, sans plus de réflexion, se servent de leurs doigts et de leurs ongles, habitude malpropre et dangereuse. Quand on se sent des démangeaisons considérables, il faut se servir d'un cure-oreille et non d'épingles. C'est une impolitesse que de souffler et crier dans l'oreille de son voisin.

On doit se faire une règle indispensable de se peigner chaque jour les cheveux; cette propreté est utile à la santé; elle empêche que la vermine ou d'autres ordures ne gâtent la tête et ne fassent tomber les cheveux. Il faut moins consulter la mode que l'utilité, et n'oublier jamais que des soins trop affectés de la chevelure rendent les hommes efféminés et sont contraires à la modestie.

Avant de passer aux exercices suivants, il faudra revoir tous les exercices précédents, jusqu'à ce que l'élève les sache bien ; il faudra en même temps lui faire distinguer le singulier et le pluriel, en lui disant, par exemple, que quand on parle de plusieurs choses ce que l'on dit est au pluriel, et que quand on ne parle que d'une seule chose ce que l'on dit est au singulier. Il faudra avoir soin de faire comprendre cela par de nombreux exemples, et revenir sur cette distinction plusieurs jours de suite.

Quand l'élève saura distinguer le singulier du pluriel, on lui dira que, pour faire reconnaître, en le voyant, si un mot est au singulier ou au pluriel, on indique le pluriel en ajoutant un s à la fin ; que donc l's qui se trouve à la fin des mots n'est là que pour l'orthographe, et que dans la lecture on ne doit pas s'en occuper ; qu'en conséquence l'e qui, à la fin des mots, se trouve suivi d'un s, se prononce toujours e et non é, quoique suivi d'une consonne, excepté dans les mots qui n'ont qu'une seule syllabe.

45ᵉ TABLEAU

Le sa ge dit qu'à l'air du vi sa ge on co nnaît l'ho mme de bon sens ; il est, dit un an cien, le mi roir de l'âme, l'inter prè te de la pu deur, ou le té moin de la co rrup tion du cœur : il faut donc tâ cher que le pre mier a spect nous ren de ai ma ble et é di fie le pro chain.

Pour ê tre a gré a ble, il faut n'a voir rien de sé vè re ni d'a ffec té dans le vi sa ge, rien de fa rou che, rien de sauva ge, rien de lé ger ni d'é tour di ; tout doit y res pi rer u ne gra vi té dou ce.

46ᵉ TABLEAU

A l'égard de ses propres affaires, l'homme sage conserve autant qu'il est possible un visage toujours égal; l'adversité ne doit abattre que le faible, la prospérité ne doit transporter que l'homme léger. Ce n'est pas que le visage ne doive se ressentir des différentes situations de l'âme, mais il faut être assez maître de soi pour se modérer dans le chagrin comme dans le plaisir.

Rien n'est plus incommode ni plus fâcheux qu'un homme dont le visage annonce tantôt un excès de gaîté, tantôt un excès de mauvaise humeur; cette mobilité est une preuve qu'on se laisse facilement emporter aux passions et que l'on est peu vertueux.

Avec ses amis et ses égaux, il faut toujours avoir un visage gai, afin de donner plus de facilité et d'agrément à la conversation.

47ᵉ TABLEAU

La pro pre té ex i ge qu'en se le vant on se la ve le vi sa ge, qu'on l'es su ie a vec un lin ge blanc.

Lors que la su eur o bli ge à se frotter le vi sa ge, il faut le fai re a vec un mou choir blanc ; on ne doit por ter la main au vi sa ge qu'au tant que ce la est né ces sai re ; on é vi te ain si bien des in con vé ni ents, des dar tres, des bou tons que sou vent la main y fait naî tre.

L'ho mme ne doit ja mais se pein dre le vi sa ge ; cet te va ni té n'est pas mê me to lé ra ble dans u ne fem me ; el le est con trai re à la sim pli cité chré tien ne.

Le front est le si è ge de la douceur, de la pu deur et de la sa ges se ; il faut donc que son air ré pon de aux ver tus dont il est l'in ter prè te.

Fron cer les sour cils est sou vent un si gne de fi er té et de mé pris ; il faut é vi ter ce mou ve ment.

48ᵉ TABLEAU

Il ne faut jamais se laisser emporter jusqu'à donner un soufflet à son prochain; le soufflet est de tous les affronts le plus sensible; il est l'effet d'une folle colère ou d'une basse vengeance; l'honnête té le proscrit à l'égard même d'un domestique. Mais celui que l'on frappe ainsi, quoi qu'en dise le monde, ne doit jamais se venger par une semblable insolence; il doit se souvenir que Jésus-Christ a été souffleté, qu'il a été livré à des outrages plus sanglants encore pendant la Passion. Et s'il arrive que l'on ne soit pas toujours le maître des premiers emportements, il faut au moins les modérer et se rappeler que la vengeance a été regardée par tous les sages de l'antiquité plutôt comme une preuve de faiblesse que comme une marque de courage et d'honneur.

Avant de passer aux exercices suivants, il faudra faire revoir à l'élève tous les précédents et lui faire prononcer chaque syllabe d'une fois, c'est-à-dire sans épellation ; ainsi :

Au lieu de faire dire *m-an*, *man*, on fera dire de suite *man*.
— *t-on*, *ton*, — *ton*.
— *c-ou-r*, *cour*, — *cour*.

49ᵉ TABLEAU

Quand *en* est précédé de *i*, il se prononce *in*, comme dans *bien*.

Il ne faut ja mais ou vrir les yeux ex tra or di nai re ment, ni les fi xer a vec har di esse sur quel qu'un.

Les per so nnes lé gè res re gar dent çà et là et ne se fi xent à au cun ob jet ; la sa ges se et la po li tes se pros cri vent ce tte in con stan ce dans les re gards.

Quel que a cca blant que soit le cha grin, il faut é vi ter un main tien qui mar que un trop grand a ba tte ment et par con sé quent u ne fai bles se in di gne d'un ho mme per su a dé des gran des vé ri tés de la re li gi on.

Il est très in ci vil de re gar der par de ssus l'é pau le, de fer mer un œil, et de se tour ner sans su jet de tous cô tés pour pro me ner ses re gards.

50ᵉ TABLEAU

Quand *t* est suivi de *ion*, il se prononce *s*.

Gri ma cer, con tre fai re les per so nnes lou ches, é ra iller les yeux a vec les doi gts, et ce la pour fai re ri re, sont des dé fauts que l'on ne doit pas sou ffrir; ou vrir les yeux et les fer mer par ca pri ce, les te nir fi xe ment a tta chés sur des per so nnes res pec ta bles, tout ce la pè che con tre la mo des tie et la po li tes se.

Por ter les doigts dans les na ri nes est u ne mal pro pre té, et en y tou chant sou vent on y for me des in co mmo di tés dont on se re ssent long temps; les en fants tom bent a ssez co mmu né ment dans ce dé faut : les pa rents doi vent les en co rri ger a vec soin.

Il faut ob ser ver, en se mou chant, tou tes les rè gles de la bien sé an ce et de la pro pre té, de mê me en é ter nu ant, et ne fai re ni l'un ni l'au tre au vi sa ge de qui que ce soit.

51.ᵉ TABLEAU

Il faut tenir la bouche dans une grande propreté et dans sa forme naturelle; ne point l'ouvrir avec affectation et sans sujet. Il est important de la laver avec de l'eau chaque matin, et de n'y porter aucune chose qui puisse donner mauvaise haleine et la rendre malpropre.

Un défaut ordinaire des enfants en mangeant, consiste à se remplir la bouche de manière qu'ils peuvent à peine respirer; c'est une habitude aussi incivile que peu saine.

On se gâte infailliblement les lèvres en se les mordant avec les dents, ou en les remuant avec contorsion, les resserrant, les élevant trop, et les tirant avec les doigts. On ne doit jamais lever la lèvre d'en haut ni baisser celle d'en bas, de telle sorte que l'on découvre les dents et les gencives.

Avant de passer aux exercices suivants, il faudra faire revoir tous les exercices précédents ; après quoi l'on fera observer à l'élève que pour lire un mot quelconque il faut toujours lire jusqu'à la consonne, c'est-à-dire qu'on laisse toujours toutes les consonnes pour la voyelle qui vient après ; pourtant, s'il y a plusieurs consonnes de suite et que la première soit une des six r, c, l, f, m, n, elle appartient à la voyelle qui est avant, mais toutes les autres sont pour la voyelle qui suit.

Quand il y a deux consonnes semblables de suite, c'est comme s'il n'y en avait qu'une.

Quand *e* est suivi de deux consonnes pareilles il se prononce *é*, parce que la première lui appartient.

52ᵉ TABLEAU

Celui qui est vraiment sage reçoit volontiers les avis qu'on lui donne; l'insensé, au contraire, s'offense de ce qu'on lui dit.

Le véritable ami aime en tout temps, et le frère se connaît dans l'adversité.

La parole douce apaise la colère; la parole dure excite la fureur.

Le vent d'aquilon dissipe la pluie, et le visage triste fait taire la langue médisante.

Ne détournez personne de faire du bien à ceux qui sont dans le besoin; faites-leur vous-mêmes du bien si vous en avez le pouvoir.

Nota. Quand l'élève sera embarrassé pour lire un mot, il faudra de suite placer la baguette après chaque syllabe.

53ᵉ TABLEAU

L'orgueil est le principe et l'origine de tous les péchés. L'orgueilleux est haï de Dieu et des hommes; où sera l'orgueil sera aussi la confusion.

Dieu seul est grand, et il n'est honoré que par les humbles.

Ne vous trouvez point avec les grands buveurs de vin ni avec les gens de bonne chère. Ceux qui passent le temps à boire et à manger deviendront pauvres, et celui qui aime à dormir sera vêtu de haillons.

Les blessures qu'on reçoit de celui qui vous aime valent mieux que les baisers trompeurs de celui qui vous hait.

N'attristez point le cœur du pauvre, et ne différez pas de donner à celui qui se trouve dans le besoin.

Les jeunes gens doivent éviter une affectation ridicule qui met le corps à la gêne et le rend semblable à une machine dont les mouvements sont invariablement ordonnés.

54ᵉ TABLEAU

Il faudra faire lire les mots sans faire entendre d'*e* à la fin.

Une démarche compassée avec art, toujours guindée sur un ton de gravité pédantesque, n'est pas moins contraire à la modestie que la nonchalance, signe ordinaire de paresse et de sentiments peu élevés.

D'un autre côté, les enfants d'un caractère vif et étourdi doivent user de beaucoup de vigilance pour ne pas remuer sans cesse et sans raison toutes les parties de leur corps, ne pas changer d'attitude par légèreté, et ne point gesticuler avant de parler.

Lorsque les circonstances exigent que l'on soit debout, il ne faut ni se voûter, ni pencher la tête par affectation, ni l'élever avec une fierté ridicule ; il faut encore éviter de s'appuyer sans besoin contre la muraille et de s'accouder négligemment, de faire des contorsions en se donnant d'inutiles agitations, enfin d'allonger ou d'étendre le corps avec indécence.

55ᵉ TABLEAU

On doit éviter de changer souvent de siège sans raison et de le traîner avec bruit, ou de le placer dans un endroit incommode pour ceux qui vont et viennent dans un appartement ; ce serait une autre impolitesse d'affecter de choisir les plus belles chaises, ou un fauteuil préférablement à une chaise. On doit aussi blâmer la licence avec laquelle certaines personnes s'emparent des deux tiers d'une cheminée pour s'y chauffer.

Il faut, enfin, observer de ne point se lever sans nécessité quand tout le monde est assis, et de ne point demeurer sur son siège quand la compagnie se tient debout.

Il est à propos de s'accoutumer à souffrir plusieurs petites incommodités sans se tourner, frotter ni gratter, et sans tenir aucune posture indécente.

On ne doit porter la main à la tête que dans un cas de nécessité, surtout lorsque l'on est à table ; et on doit encore moins se gratter ou remuer les cheveux.

56ᵉ TABLEAU

On doit se nettoyer les oreilles avec soin; mais il faut éviter de le faire en compagnie. Les enfants, sans plus de réflexion, se servent de leurs doigts et de leurs ongles, habitude malpropre et dangereuse. Quand on se sent des démangeaisons considérables, il faut se servir d'un cure-oreille et non d'épingles. C'est une impolitesse que de souffler et crier dans l'oreille de son voisin.

On doit se faire une règle indispensable de se peigner chaque jour les cheveux; cette propreté est utile à la santé; elle empêche que la vermine ou d'autres ordures ne gâtent la tête et ne fassent tomber les cheveux. Il faut moins consulter la mode que l'utilité, et n'oublier jamais que des soins trop affectés de la chevelure rendent les hommes efféminés et sont contraires à la modestie chrétienne. Il serait à désirer qu'on observât avec plus d'exactitude les règles de cette modestie, prescrite par les apôtres et recommandée dans les conciles.

57ᵉ TABLEAU

Il faudra faire distinguer les verbes à l'élève, ce qui sera facile en lui faisant remarquer qu'un mot est verbe quand on peut le conjuguer. Quand l'élève saura distinguer les verbes, on lui dira qu'on a marqué le pluriel dans les verbes en ajoutant à la fin *nt*, que par conséquent il ne faut pas lire ces deux lettres.

Le sage dit qu'à l'air du visage on connaît l'homme de bon sens; il est, dit un ancien, le miroir de l'âme, l'interprète de la pudeur, ou le témoin de la corruption du cœur : il faut donc tâcher que le premier aspect nous rende aimable et édifie le prochain.

Pour être agréable, il faut n'avoir rien de sévère ni d'affecté dans le visage, rien de farouche, rien de sauvage, rien de léger ni d'étourdi; tout doit y respirer une gravité douce, une sagesse aimable; l'air chagrin rebute.

La gaîté, la sérénité du visage ne doivent point dégénérer en évaporation, qui souvent annonce une basse familiarité, une légèreté d'esprit excessive ou une licence extravagante.

Il est donc à propos de composer son visage selon les circonstances.

58ᵉ TABLEAU

A l'égard de ses propres affaires, l'homme sage conserve autant qu'il est possible un visage toujours égal; l'adversité ne doit abattre que le faible, la prospérité ne doit transporter que l'homme léger. Ce n'est pas que le visage ne doive se ressentir des différentes situations de l'âme, mais il faut être assez maître de soi pour se modérer dans le chagrin comme dans le plaisir.

Rien n'est plus incommode ni plus fâcheux qu'un homme dont le visage annonce tantôt un excès de gaîté, tantôt un excès de mauvaise humeur; cette mobilité est une preuve qu'on se laisse facilement emporter aux passions et que l'on est peu vertueux.

Lorsque l'on se trouve avec des personnes d'un rang distingué, le respect qu'on leur doit et qu'on leur témoigne doit être peint sur le visage, sans cependant y mêler un air de timidité puérile, qui est ordinairement la preuve d'une âme basse.

59ᵉ TABLEAU

La propreté exige qu'en se levant on se lave le visage, qu'on l'essuie avec un linge blanc.

Lorsque la sueur oblige à se frotter le visage, il faut le faire avec un mouchoir blanc; on ne doit porter la main au visage qu'autant que cela est nécessaire : on évite ainsi bien des inconvénients, des dartres, des boutons que souvent la main y fait naître.

L'homme ne doit jamais se peindre le visage; cette vanité n'est pas même tolérable dans une femme : elle est contraire à la simplicité chrétienne.

Le front est le siège de la douceur, de la pudeur et de la sagesse; il faut donc que son air réponde aux vertus dont il est l'interprète et le miroir.

Froncer les sourcils est souvent un signe de fierté et de mépris; il faut éviter ce mouvement.

Avec ses amis et ses égaux, il faut avoir un visage gai, afin de donner plus de facilité et d'agrément à la conversation.

60ᵉ TABLEAU

Faire revoir les exercices précédents, à partir du n° 52, en faisant lire l'élève en s'arrêtant après chaque mot au lieu de s'arrêter après chaque syllabe ; pour commencer, on fera bien de forcer l'élève à lire le mot tout bas avant de le lire tout haut.

Il ne faut jamais se laisser emporter jusqu'à donner un soufflet à son prochain ; le soufflet est de tous les affronts le plus sensible ; il est l'effet d'une folle colère ou d'une basse vengeance ; l'honnêteté le proscrit à l'égard même d'un domestique. Mais celui que l'on frappe ainsi, quoi qu'en dise le monde, ne doit jamais se venger par une semblable insolence ; il doit se souvenir que Jésus-Christ a été souffleté, qu'il a été livré à des outrages plus sanglants encore pendant la Passion. Et s'il arrive que l'on ne soit pas toujours le maître des premiers emportements, il faut au moins les modérer et se rappeler que la vengeance a été regardée par tous les sages de l'antiquité plutôt comme une preuve de faiblesse que comme une marque de courage et d'honneur.

Les yeux sont les messagers du cœur ; ils en expriment les divers mouvements et les agitations ; et s'ils ne sont pas toujours des signes certains de ce qui se passe dans l'âme, ils le sont assez ordinairement, et cela suffit pour que l'on veille sur leur action extérieure.

Quiconque parle beaucoup ne sera point exempt de péché.

61ᵉ TABLEAU

Il ne faut jamais ouvrir les yeux extraordinairement, ni les fixer avec hardiesse sur quelqu'un.

Les personnes légères regardent çà et là et ne se fixent à aucun objet; la sagesse et la politesse proscrivent cette inconstance dans les regards.

Quelque accablant que soit le chagrin, il faut éviter un maintien qui marque un trop grand abattement, et par conséquent une faiblesse indigne d'un homme persuadé des grandes vérités de la religion.

Il ne faut pas que ceux qui sont destinés à vivre dans le monde aient les yeux toujours baissés ; mais en évitant cette modestie outrée, il ne faut pas donner dans l'excès opposé.

La règle que l'on peut suivre à l'égard des yeux consiste à les tenir suffisamment ouverts pour distinguer les objets, à ne les point fixer longtemps sur une même personne, et à ne les point mouvoir avec rapidité, ni promener étourdiment sur plusieurs objets à la fois.

Il est très incivil de regarder par-dessus l'épaule, de fermer un œil, de se tourner sans sujet de tous côtés pour promener ses regards ; il est contraire à l'esprit du christianisme, à l'honnêteté, à la bonne éducation, de les attacher sur des objets obscènes.

62ᵉ TABLEAU

Grimacer, contrefaire les personnes louches, érailler les yeux avec les doigts, et cela pour faire rire, sont des défauts que l'on ne doit pas souffrir ; ouvrir les yeux et les fermer par caprice, les tenir fixement attachés sur des personnes respectables, tout cela pèche contre la modestie et la politesse.

Porter les doigts dans les narines est une malpropreté, et en y touchant souvent on y forme des incommodités dont on se ressent longtemps; les enfants tombent assez communément dans ce défaut; les parents doivent les en corriger avec soin.

Il faut observer en se mouchant toutes les règles de la bienséance et de la propreté.

Plusieurs gesticulent avec le mouchoir, le tiennent perpétuellement dans les mains, et le laissent souvent tomber à terre ; on ne saurait excuser ces négligences. D'autres le posent sur une table, sur une chaise ou autres meubles, ce qui est encore très malpropre ; on doit le tenir toujours enfermé dans sa poche, et ne l'en retirer qu'au besoin.

Il faut éviter avec soin de faire trop de bruit en se mouchant, de même en éternuant, et ne faire ni l'un ni l'autre au visage de qui que ce soit.

L'usage veut qu'on salue la personne qui éternue, et que celle-ci remercie ; il faut faire l'un et l'autre par une médiocre inclination, sans se découvrir.

63ᵉ TABLEAU

Il faut tenir la bouche dans une grande propreté et dans sa forme naturelle ; ne point l'ouvrir avec affectation et sans sujet. Il est important de la laver avec de l'eau chaque matin, et de n'y porter aucune chose qui puisse donner mauvaise haleine et la rendre malpropre.

Un défaut ordinaire des enfants en mangeant, consiste à se remplir la bouche de manière qu'ils peuvent à peine respirer ; c'est une habitude aussi incivile que peu saine.

On se gâte infailliblement les lèvres en se les mordant, ou en les remuant avec contorsions, les resserrant, les élevant trop, et les tirant avec les doigts. On ne doit jamais lever la lèvre d'en haut ni baisser celle d'en bas de telle sorte que l'on découvre les dents et les gencives ; il faut suivre la nature, qui veut qu'on les couvre.

La plupart des enfants se gâtent les dents ou en ne se les nettoyant pas, ou en le faisant avec des choses qui leur nuisent, ou en mangeant de tout ce qui peut les noircir ou les gâter, ou en arrachant des clous avec les dents, en y attachant des fils et autres choses qui ne peuvent que les ébranler et même les casser.

Il importe de nettoyer souvent les dents, surtout après le repas.

64ᵉ TABLEAU

Il faut, lorsqu'on veut s'asseoir, choisir des sièges plutôt hauts que bas, pour conserver une posture plus honnête et moins gênante. Ce serait une indécence de poser les genoux l'un sur l'autre, ou de faire jouer les jambes en forme de balancier; de s'accouder nonchalamment sur le dossier de la chaise, de se balancer le corps en se renversant, de s'y tenir penché ou de travers.

La bienséance veut que l'on tienne la tête droite et élevée, sans la pencher d'un côté ou de l'autre, et qu'on ne la tourne pas çà et là avec étourderie. Il n'est jamais permis de répondre d'un signe de tête aux questions que l'on nous fait, encore moins de témoigner de l'indifférence ou du mépris par un geste de cette espèce.

Il est à propos de composer son visage selon les circonstances où l'on se trouve et les personnes avec lesquelles on converse. Il serait ridicule et insultant de rire avec des gens qui sont dans la tristesse, de leur parler d'un ton gai ou de leur annoncer un fâcheux évènement avec un air indifférent. De même, lorsqu'on se trouve dans une compagnie dont les entretiens roulent sur des choses agréables et amusantes, on ne doit pas avoir un air sombre et rêveur.

65ᵉ TABLEAU

Le Seigneur se moquera des moqueurs, et il donnera sa grâce à ceux qui sont humbles et doux.

Celui qui est vraiment sage reçoit volontiers les avis qu'on lui donne ; l'insensé, au contraire, s'offense de ce qu'on lui dit.

Le véritable ami aime en tout temps, et le frère se connaît dans l'adversité.

La parole douce apaise la colère ; la parole dure excite la fureur.

Le vent d'aquilon dissipe la pluie, et le visage triste fait taire la langue médisante.

Ne détournez personne de faire du bien à ceux qui sont dans le besoin ; faites-leur vous-même du bien si vous en avez le pouvoir.

Ne dites point à votre prochain : Allez et revenez, je vous le donnerai demain, lorsque vous pouvez le lui donner à l'heure même.

La haine excite les querelles ; la charité couvre toutes les fautes.

Ne vous trouvez point avec les grands buveurs de vin ni avec les gens de bonne chère. Ceux qui passent leur temps à boire et à manger deviendront pauvres, et celui qui aime à dormir sera vêtu de haillons.

Dieu seul est grand, et il n'est honoré que par les humbles.

66ᵉ TABLEAU

Les blessures qu'on reçoit de celui qui vous aime valent mieux que les baisers trompeurs de celui qui vous hait.

L'eau éteint le feu, et l'aumône adoucit la misère.

N'attristez point le cœur du pauvre, et ne différez pas de donner à celui qui se trouve dans le besoin.

Ne méprisez point un homme qui renonce au péché, et ne lui faites point de reproches; souvenez-vous que nous avons tous mérité le châtiment.

Les jeunes gens doivent éviter une affectation ridicule qui met le corps à la gêne et le rend semblable à une machine dont les mouvements sont invariablement ordonnés.

Une démarche compassée avec art, toujours guindée sur un ton de gravité pédantesque, n'est pas moins contraire à la modestie que la nonchalance, signe ordinaire de paresse et de sentiments peu élevés.

D'un autre côté, les enfants d'un caractère vif et étourdi doivent user de beaucoup de vigilance pour ne pas remuer sans cesse et sans raison toutes les parties de leur corps, ne pas changer d'attitude par légèreté, et ne point gesticuler avant de parler.

L'orgueil est le principe et l'origine de tous les péchés.

67ᵉ TABLEAU

Lorsque les circonstances exigent que l'on soit debout, il ne faut ni se voûter, ni pencher la tête par affectation, ni l'élever avec une fierté ridicule; il faut encore éviter de s'appuyer sans besoin contre la muraille et de s'accouder négligemment, de faire des contorsions en se donnant d'inutiles agitations, enfin d'allonger ou d'étendre le corps avec indécence.

On doit éviter de changer souvent de siège sans raison et de le traîner avec bruit, ou de le placer dans un endroit incommode pour ceux qui vont et viennent dans un appartement; ce serait une autre impolitesse d'affecter de choisir les plus belles chaises, ou un fauteuil préférablement à une chaise. On doit aussi blâmer la licence avec laquelle certaines personnes s'emparent des deux tiers d'une cheminée pour s'y chauffer.

Il faut observer de ne point se lever sans nécessité quand tout le monde est assis, et de ne point demeurer sur son siège quand la compagnie se tient debout.

Il est à propos de s'accoutumer à souffrir plusieurs petites incommodités sans se tourner, frotter ni gratter, et sans tenir aucune posture indécente.

Avec ses amis et ses égaux, il faut toujours avoir un visage gai, afin de donner plus de facilité et d'agrément à la conversation.

68ᵉ TABLEAU

On doit se nettoyer les oreilles avec soin; mais il faut éviter de le faire en compagnie. Les enfants, sans plus de réflexion, se servent de leurs doigts et de leurs ongles, habitude malpropre et dangereuse. Quand on se sent des démangeaisons considérables, il faut se servir d'un cure-oreille et non d'épingles. C'est une impolitesse que de souffler et crier dans l'oreille de son voisin.

On doit se faire une règle indispensable de se peigner chaque jour les cheveux. Cette propreté est utile à la santé; elle empêche que la vermine ou d'autres ordures ne gâtent la tête et ne fassent tomber les cheveux. Il faut moins consulter la mode que l'utilité, et n'oublier jamais que des soins trop affectés de la chevelure rendent les hommes efféminés et sont contraires à la modestie chrétienne. Il serait à désirer qu'on observât avec plus d'exactitude les règles de cette modestie, prescrite par les apôtres et recommandée dans les conciles. Il ne faut donner à l'entretien des cheveux que les moments que laissent les occupations et le travail; ne prendre jamais la vanité pour modèle, et, en évitant de paraître ridicule par un arrangement bizarre ou absolument hors d'usage, ne point affecter une coiffure de fat.

Observations.

Lorsque l'élève lira sans hésiter en s'arrêtant après chaque mot, on le fera lire en ne s'arrêtant plus qu'aux signes de ponctuation et en faisant les liaisons. Il sera utile de lire de temps à autre quelques lignes et de les lui faire répéter.

Il faut avoir bien soin de ne lui laisser prendre aucun mauvais accent.

Lorsque l'élève lira tout à fait couramment, il faudra lui enseigner à donner le ton convenable à sa lecture; pour cela, le maître et l'élève doivent avoir chacun un livre semblable, le maître doit lire quelques phrases et les faire répéter à son élève jusqu'à ce qu'il donne à peu près le ton convenable, avant de passer à d'autres.

www.ingramcontent.com/pod-product-compliance
Lightning Source LLC
LaVergne TN
LVHW021722080426
835510LV00010B/1105